AF229078

A PROPOS

DES

ÉLECTIONS MUNICIPALES

PAR

F. L.

« Rien n'est plus dangereux que
l'influence des intérêts privés
dans les affaires publiques. »

J.-Jacques ROUSSEAU.

« La tyrannie d'un prince ne met
pas un état plus près de sa
ruine que l'indifférence pour
le bien commun n'y met une
république. »

MONTESQUIEU.

30 CENTIMES

VERSAILLES

TYPOGRAPHIE ET LITHOGRAPHIE CERF ET FILS

59, RUE DUPLESSIS, PLACE HOCHE, 13

1880

VERSAILLES. — IMPRIMERIE CERF ET FILS.

AVANT-PROPOS

Nous ne croyons pas soulever de contradiction
en avançant que le vote municipal est le plus
laborieux, le plus passionné, le plus sujet à erreurs.

A vrai dire, c'est celui qui est entouré du plus
grand nombre de difficultés; et c'est dans ce
cas surtout que l'électeur se sent ou se croit le
moins libre.

Autant les données d'une élection législative
paraissent claires, précises, et sont de nature à
amener des conclusions conformes à la raison et
aux principes, autant les élections municipales
se compliquent de faux jugements sur les personnes et les choses, sur les intérêts généraux,
sur les projets les plus sensés, sur les principes
mêmes.

Les compétitions, les rancunes, les vanités
personnelles, les mobiles et les intérêts particu_
liers, quoique souvent ridicules et bas, viennent
presque toujours embarrasser une question déjà
bien assez difficile pour un certain nombre d'é-
lecteurs. Joignez à cela la prétendue indifférence

dédaigneuse, le scepticisme railleur des esprits forts, dont l'attitude et les critiques ont tant de prise sur les simples et les timides, et vous aurez le compte des dissolvants électoraux en matière municipale.

Or, malgré leur piètre apparence, ce sont là de grosses difficultés avec lesquelles il faut compter, qu'il faut surtout combattre, parce que s'il était possible de débarrasser le terrain électoral de cet encombrement de sottises, de préjugés et d'égoïsme étroit, on rendrait un signalé service à la chose publique.

Après tout, cette besogne n'exige que de la franchise. En toutes circonstances, le meilleur service qu'on puisse rendre au suffrage universel, c'est de lui parler sincèrement; et il serait aussi malsain de flatter le corps électoral, qu'il est utile et moral de lui montrer la vérité.

Nous ne faillirons pas à ce principe ; et dans l'énonciation de faits pris sur le vif, et dans nos critiques, nous chercherons surtout la précision.

Quant à notre but, il consiste à mettre en relief les imperfections de notre éducation électorale, imperfections qui tiennent non seulement à des causes indépendantes de la volonté de l'électeur, mais encore et surtout à lui-même.

Notre examen portera donc tout particulièrement sur l'état intellectuel de l'électeur municipal : sur son indifférence, sur les tergiversations de sa conscience et de son intérêt ou de ce qu'il croit tel, sur les obstacles qui découragent son action, sur les mirages qui égarent son jugement, les manœuvres qui surprennent ou courbent sa volonté.

Mais avant tout, il convient que nous nous inspirions des considérations générales qui doivent nous pénétrer de l'importance du vote municipal. Or, notre conviction sera fortement acquise si nous voulons bien considérer que la commune est le fondement même de notre société démocratique, et que c'est sur cette base que s'élève le nouvel édifice social.

Hier encore, dans la guerre déclarée à la France moderne, les libertés municipales étaient particulièrement menacées. Mais aujourd'hui que le principe de liberté triomphe, il appartient aux conseils des communes de maintenir fièrement le drapeau vainqueur de la démocratie, et de prendre une large part au développement méthodique de toutes les libertés.

N'est-ce pas par leur application aux affaires communales, par leur gestion éclairée et intelligente que nous deviendrons capables d'obtenir de nouvelles franchises municipales, que nous échapperons peu à peu à ce qu'il y a d'excessif dans la tutelle de l'Etat, dans cette centralisation étouffante qui arrête le développement communal en épuisant le pouvoir central ?

Par conséquent, si l'on trouve ces choses enviables, si l'on en prévoit les heureuses consé quences, si l'on veut les obtenir, il importe qu'on se prépare à un vote intelligent.

Mais, qu'on le sache, jamais nous n'y parviendrons si nous ne nous appliquons pas à tous nos devoirs civiques, si nous n'élargissons pas nos idées, notre horizon, si nous n'avons pas la fermeté d'esprit nécessaire pour dégager notre jugement et notre décision des liens qui les retiennent à l'intérêt sordide, à la crainte, aux motifs personnels. En un mot, si nous sommes trop ignorants, trop timides ou trop égoïstes pour user des libertés qui nous appartiennent et qui doivent nous servir à en acquérir d'autres.

Dourdan, 5 octobre 1880.

A PROPOS DES ÉLECTIONS MUNICIPAELS

CHAPITRE PREMIER

> « La tyrannie d'un prince ne met
> pas un état plus près de sa
> ruine que l'indifférence pour
> le bien commun n'y met une
> république. »
> MONTESQUIEU.

Dans toutes les communes de la République, on va bientôt procéder aux élections municipales En cette grave circonstance, tous les citoyens ont le droit et le devoir de s'enquérir, de faire entendre leur avis, de mêler leur action individuelle à l'action générale.

Le droit, c'est la loi qui le garantit ; le devoir, c'est leur dignité de citoyen et leur intérêt bien entendu qui le dictent. Jamais, par conséquent, ils ne devraient en négliger l'accomplissement.

Que l'électeur retienne bien que son libre arbitre est inviolable, son droit imprescriptible, que nul ne peut sans arbitraire l'entraver dans l'exercice de ses devoirs civiques, et qu'aucune considération ne saurait prévaloir contre sa liberté électorale.

Prêt à déposer son bulletin, qu'il pèse sa responsabilité. Qu'il se garde d'oublier à ce moment que le peuple qui se montre indifférent pour ses libertés publiques ne tarde pas à voir ses intérêts les plus chers et son avenir compromis, ses aspirations les plus nobles raillées, sa volonté méprisée, et qu'après avoir perdu son indépendance et ses franchises, il est mûr pour les désastres, la ruine et la décadence.

En ce qui s'applique au cas présent, considérons seulement que lorsque nous procédons à nos élections municipales sans attacher à cet acte l'importance qu'il mérite, sans être en pleine possession de notre liberté morale, sans avoir une connaissance suffisante des principes et des aptitudes de ceux que nous nommons, nous risquons de livrer l'indépendance locale à ses plus dangereux ennemis, de remettre les intérêts si précieux de la cité aux mains de mandataires infidèles ou incapables.

Parce que la route que suit pacifiquement le suffrage universel est aujourd'hui largement ouverte, il semble qu'il n'y ait plus qu'à marcher d'un pas allègre vers les horizons lointains. C'est une erreur. Plus d'un effort reste encore à faire pour alléger l'électeur du poids des faux calculs qui alourdissent sa marche, et qui retardent indéfiniment le moment où il doit atteindre les progrès qu'il poursuit.

A la veille du scrutin, il est donc opportun de rechercher les conditions indispensables à de bonnes élections municipales, et pour cela de reconnaître et de dénoncer franchement ce qu'il faut combattre en nous et autour de nous.

CHAPITRE II

Pour bien comprendre l'étendue, la portée de l'intérêt municipal et la gravité de la question électorale qui s'y rattache, il est essentiel, au préalable, que nous nous formions une idée exacte de la commune, de cette agrégation sociale qui se confond avec nos origines historiques et que l'intérêt supérieur de l'unité administrative et politique a soumis partout à une législation uniforme.

Cela nous conduira tout naturellement à l'examen de l'organisation administrative des pouvoirs municipaux. L'intérêt électoral, du reste, exige impérieusement que nous connaissions, au moins dans leurs lignes principales, les attributions du conseil municipal et de la municipalité. Enfin, nous devons savoir précisément encore quelle place est réservée dans la commune à chacun de nous, quant à nos droits, à nos devoirs, à nos intérêts collectifs.

S'il en était autrement, nous ne serions pas en état de faire prévaloir notre volonté, ni de juger les hommes et les choses qui nous entourent, qui font pour ainsi dire corps avec la question municipale, et sur qui nous aurons à nous prononcer.

****

Que devons-nous entendre par le mot de commune?

Dans la session de 1829, en présentant un projet de loi sur l'administration municipale, M. de Martignac faisait cette belle définition philosophique de la commune :

« Les agglomérations d'individus, de familles, liées par des traditions de plusieurs siècles, par des habitudes non interrompues, par des propriétés communes, par des charges solidaires, par tout ce qui forme les associations naturelles, ne peuvent être détruites ni ébranlées. La commune, dans son existence matérielle, n'est point une création de la puissance ; elle n'est pas, comme le dé-

partement, une fiction de la loi ; elle est née comme
conséquence du voisinage, du rapprochement, de
la jouissance indivise et de tous les rapports qui
en dérivent. La commune est le premier élément
de la société. »

« La première charte révolutionnaire qui a inau-
guré en France l'ère de la justice et de la liberté »,
la constitution de 1791, s'exprimait ainsi : « Les
citoyens français, considérés sous le rapport des
relations locales qui naissent de leur réunion dans
les villes et dans certains arrondissements du ter-
ritoire des campagnes, forment des communes. »
(Constitution du 3 septembre 1791, article 8.)

Enfin, un jurisconsulte contemporain en fait la
définition suivante : « Dans le système de notre
droit public moderne, on entend par le mot de
commune toute agrégation d'habitants qui tient
son existence, comme partie intégrante de l'Etat,
en même temps que ses droits propres comme être
moral et collectif de l'institution municipale qui
lui a été conférée par la loi. »

Ainsi, telle qu'elle est constituée aujourd'hui, la
commune est à la fois une fraction de cette grande
unité : la France, et une petite société à part, véritable association naturelle, sorte de grande famille unie par la tradition et les nécessités sociales,
ayant ses biens communs, ses besoins, ses intérêts
propres, et parfois ses tendances particulières.

Molécule indivisible de la nation dont elle con-
court à former la structure, rattachée à l'Etat par
tous les liens administratifs, et à ce point de vue
très étroitement réglementée par la loi, elle tend,
néanmoins, à se constituer une certaine indépendance et vit, pour tout ce qui lui est intime, d'une
existence distincte du reste de l'organisme social.

Cependant, elle ne peut se soustraire au contrôle légitime exercé par l'Etat. « Car, dans l'intérêt propre de la commune et pour que son avenir ne puisse être compromis par des actes irréfléchis, le législateur ne lui a pas laissé une liberté d'action complète et l'a soumise à la tutelle de l'administration supérieure. » — On peut admettre malgré cela qu'elle pourrait être un peu plus maîtresse chez elle et moins dépendante du pouvoir central.

Considérée en elle-même, la commune n'est autre chose que l'expression synthétique qui comprend et groupe chacune de ses particules sociales, les habitants, pour en constituer une sorte d'être légal et collectif, agissant au nom de l'intérêt commun, dans la mesure déterminée par la loi et sous le contrôle de l'Etat.

En un mot, les « communes constituent des personnes morales ; elles ont leurs biens, leurs intérêts, leurs droits, et exercent la plupart des actes de la vie civile ; elles peuvent vendre, acheter, recevoir, emprunter, transiger, comparaître en justice ».

A cet effet, la commune est munie d'une administration propre, ou pouvoir municipal, qui est chargé de régler les intérêts matériels et moraux de la collectivité communale prise dans son individualité.

Cette administration est composée de la municipalité et du conseil municipal, c'est-à-dire d'un corps délibérant et d'un pouvoir exécutif, tous deux agissant sous le contrôle de l'administration supérieure.

Chacun de ces organes s'applique à deux séries distinctes de faits.

Le maire est le dépositaire de l'autorité exécutive et l'administrateur de la commune. Mais il partage l'exercice du pouvoir municipal avec le conseil de la commune lorsqu'il s'agit de l'administration des biens et des intérêts communaux. Alors, le conseil municipal délibère, et le maire exécute les décisions prises. En somme, le conseil municipal a pour mission spéciale d'être en toute circonstance l'interprète des vœux de la commune et le défenseur de ses droits.

Cependant, lorsqu'il s'agit de la police intérieure de la commune, c'est-à-dire de la police municipale, le maire agit en vertu de son autorité propre et exerce seul le pouvoir municipal (1).

Or, ici encore, nos préoccupations électorales soulèvent une question : D'où émanent ces pouvoirs ? A qui revient le droit de choisir et de nommer les hommes qui composeront l'administration municipale ? Nous le savons, à tous ceux qui portent le titre de citoyen dans la commune.

Est-il nécessaire, dès lors, de démontrer l'obligation absolue qu'il y a de pratiquer consciencieusement et régulièrement les devoirs d'électeur municipal.

*
* *

Nous y mettrons d'autant plus de soins que nous connaîtrons mieux l'administration municipale, que nous serons mieux instruits des questions multiples dont elle est composée, et qui exigent de ceux qui en sont chargés un large dévoûment à la chose publique, une véritable intelligence des affaires, le souci des intérêts généraux et un travail sérieux.

Nous avons tous un intérêt de premier ordre à

---

(1) De plus la loi confère au maire les fonctions d'officier de police judiciaire. Elle a encore investi ce dernier « du droit exclusif de dresser certains actes qui intéressent l'état des citoyens ; c'est ce qui a été fait lorsqu'on lui a confié la confection des actes de l'état civil ». (Boss. Traité municipal.)

nous familiariser avec ces questions, non seulement pour être en mesure de recruter un corps municipal capable, mais aussi pour pouvoir exercer par nous-mêmes notre droit de contrôle sur les affaires communales, et pour faire valoir nos réclamations quand nous jugeons notre intérêt personnel compromis.

Ces connaissances, malheureusement, ne se généralisent guère ; et peu parmi nous les apprécient à leur réelle valeur.

Etant donné certaines élections singulières, on dirait vraiment que dans quelques parties du corps électoral, on ne se fait pas une idée, même approximative, des qualités indispensables qu'il faudrait à nos édiles pour bien remplir leur mandat.

Pour s'en rendre compte, cependant, il suffit d'ouvrir la loi sur l'organisation municipale, et tout particulièrement les chapitres relatifs aux attributions du maire et du Conseil municipal.

Nous croyons utile de placer sous les yeux du lecteur ces dispositions de la loi. Nous bornerons cette citation aux deux chapitres principaux ; car, malheureusement, nous ne pouvons rapporter ici la législation municipale et tout ce qui s'y rattache. Cela grossirait démesurément ces pages et nous ferait manquer notre but, qui est de traiter la question électorale avec les développements qu'elle comporte.

Du reste, cette tâche est celle des jurisconsultes et la nôtre èst moins compliquée. La simple énonciation des attributions que la loi confère à nos représentants municipaux suffira à notre démonstration, c'est-à-dire à donner une idée précise des nombreuses et difficiles questions qu'ils doivent régler conformément au bien public.

LOI DU 18 JUILLET 1837

SUR L'ADMINISTRATION MUNICIPALE.

TITRE II. — DES ATTRIBUTIONS DES MAIRES ET DES CONSEILS MUNICIPAUX.

Des attributions des maires.

9. — Le maire est chargé, sous l'autorité de l'administration supérieure : — 1º de la publication et de l'exécution des lois et règlements ; — 2º des fonctions spéciales qui lui sont attribuées par les lois ; — 3º de l'exécution des mesures de sûreté générale.

10. — Le maire est chargé, sous la surveillance de l'administration supérieure : — 1º de la police municipale, de la police rurale et de la voirie municipale, et de pourvoir à l'exécution des actes de l'autorité supérieure qui y sont relatifs ; — 2º de la conservation et de l'administration des propriétés de la commune, et de faire en conséquence tous actes conservatoires de ses droits ; — 3º de la gestion des revenus, de la surveillance des établissements communaux et de la comptabilité communale ; — 4º de la proposition du budget et de l'ordonnancement des dépenses ; — 5º de la direction des travaux communaux ; — 6º de souscrire les marchés, de passer les baux des biens et les adjudications des travaux communaux, dans les formes établies par les lois et règlements ; — 7º de souscrire, dans les mêmes formes, les actes de vente, échange, partage, acceptation de dons ou legs, acquisition, transaction, lorsque ces actes ont été autorisés conformément à la présente loi ; — 8º de représenter la commune en justice, soit en demandant, soit en défendant.

11. — Le maire prend des arrêtés à l'effet : — 1º d'ordonner les mesures locales sur les objets confiés par les lois à sa vigilance et à son autorité ; — 2º de publier de nouveau les lois et règlements de police et de rappeler les citoyens à leur observation. — Les arrêtés pris par le maire sont immédiatement adressés au sous-préfet. Le préfet peut les annuler où en suspendre l'exécution. — Ceux de ces arrêtés qui portent règlement permanent ne seront exécutoires qu'un mois après la remise de l'ampliation constatée par les récépissés donnés par le sous-préfet.

12. — Le maire nomme à tous les emplois communaux pour lesquels la loi ne prescrit pas un mode spécial de nomination. Il suspend et révoque les titulaires de ces emplois.

13. — Le maire nomme les gardes champêtres, sauf l'approbation du Conseil municipal (Les gardes champêtres sont aujourd'hui nommés par le préfet. Décret du 25 mars 1852, sur la décentralisation administrative, art. 5, n° 21). Ils doivent être agréés et commissionnés par le sous-préfet, ils peuvent être suspendus par le maire, mais le préfet seul peut les révoquer. — Le maire nomme également les pâtres communs, sauf l'approbation du Conseil municipal. Il peut prononcer leur révocation.

14. — Le maire est chargé seul de l'administration ; mais il peut déléguer une partie de ses fonctions à un ou plusieurs de ses adjoints, et en l'absence des adjoints à ceux des conseillers municipaux qui sont appelés à en faire les fonctions.

15. — Dans le cas où le maire refuserait ou négligerait de faire un des actes qui lui sont prescrits par la loi, le préfet, après l'en avoir requis, pourra y procéder d'office par lui-même ou par un délégué spécial.

16. — Lorsque le maire procède à une adjudication publique pour le compte de la commune, il est assisté de deux membres du Conseil municipal, désignés d'avance par le Conseil, ou, à défaut, appelés dans l'ordre du tableau. — Le receveur municipal est appelé à toutes les adjudications. — Toutes les difficultés qui peuvent s'élever sur les opérations préparatoires de l'adjudication sont résolues, séance tenante, par le maire et les deux conseillers assistants, à la majorité des voix, sauf le recours de droit.

Des attributions des Conseils municipaux.

17. — Les Conseils munipaux règlent par leurs délibérations les objets suivants : — 1° le mode d'administration des biens communaux ; — 2° les conditions des baux à ferme ou à loyer dont la durée n'excède pas dix-huit ans pour les biens ruraux, et neuf ans pour les autres biens (Modifié par l'art. 1er, 2°, de la loi du 24 juillet 1867, infr., p. 31) ; — 3° le mode de jouissance et la répartition des pâturages et fruits communaux, autres que les bois, ainsi que les conditions à imposer aux parties prenantes ; — 4° les affouages, en se conformant aux lois forestières.

18. — Expédition de toute délibération sur un des objets énoncés en l'article précédent est immédiatement adressée par le maire au sous-préfet, qui en délivre ou fait délivrer récépissé. La délibération est exécutoire si, dans les trente jours qui suivent la date du récépissé, le préfet ne l'a pas annnulée, soit d'office, pour violation d'une disposition de loi ou d'un règlement d'administration publique, soit sur la réclamation de toute partie intéressée. — Toutefois, le préfet peut suspendre l'exécution de la délibération pendant un autre délai de trente jours.

19. — Le Conseil délibère sur les objets suivants: — 1° le budget de la commune, et, en général, toutes les recettes et dépenses, soit ordinaires, soit extraordinaires ; — 2° les tarifs et règlements de perception de tous les revenus communaux (Modifié par l'art. 1, 4°, 5° et l'art. 9 de la loi du 24 juillet 1867, infr., p. 30 et 32) ; — 3° les acquisitions, aliénations et échanges des propriétés communales, leur affectation aux différents services publics, et, en général, tout ce qui intéresse leur conservation et leur amélioration (Modifié par l'art. 1, 1°, 3°, 8°, de la loi du 24 juillet 1867, infr., p. 30) ; — 4° la définition ou le partage des biens indivis entre deux ou plusieurs communes ou section de communes ; — 5° les conditions des baux à ferme ou à loyer, dont la durée excède dix-huit ans pour les biens ruraux, et neuf ans pour les autres biens, ainsi que celles des baux des biens pris à loyer par la commune, quelle qu'en soit la durée (Modifié par l'art. 1, 3°, de la loi du 24 juillet 1867, infr., p. 30) ; — 6° les projets de constructions, de grosses réparations, de démolitions, et, en général, tous les travaux à entreprendre.(Modifié par l'art. 1, 3°, de la loi du 24 juillet

1867, infr., p. 30); — 7° l'ouverture des rues et places publiques et les projets d'alignement de voirie municipale ; — 8° le parcours et la vaine pâture ; — 9° l'acceptation des dons et legs faits à la commune et aux établissements communaux (Modifié par l'art. 1, 9°, de la loi du 24 juillet 1867, infr., p. 30); — 10° les actions judiciaires et transactions ; — et tous les autres objets sur lesquels les lois et règlements appellent les Conseils municipaux à délibérer.

20. — Les délibérations des Conseils municipaux sur les objets énoncés à l'article précédent sont adressées au sous-préfet. — Elles sont exécutoires sur l'approbation du préfet, sauf les cas où l'approbation par le ministre compétent, ou par ordonnance royale, est prescrite par les lois ou par les règlements d'administration publique.

21. — Le Conseil municipal est toujours appelé à donner son avis, sur les objets suivants : — 1° les circonscriptions relatives au culte ; — 2° les circonscriptions relatives à la distribution des secours publics ; — 3° les projets d'alignement de grande voirie dans l'intérieur des villes, bourgs et villages ; — 4° l'acceptation des dons et legs faits aux établissements de charité et de bienfaisance ; — 5° Les autorisations d'emprunter, d'acquérir, d'échanger, d'aliéner, de plaider ou de transiger, demandées par les mêmes établissements et par les fabriques des églises et autres administrations préposées à l'entretien des cultes dont les ministres son salariés par l'Etat (modifié par l'art. 12 de la loi du 24 juillet 1867, infr., p. 33); — 6° les budgets et les comptes des établissements de charité et de bienfaisance ; — 7° les budgets et les comptes des fabriques et autres administrations préposées à l'entretien des cultes dont les ministres sont salariés par l'Etat, lorsqu'elles reçoivent des secours sur les fonds communaux ; — 8° enfin, tous les objets sur lesquels les Conseils municipaux sont appelés par les lois et règlements à donner leur avis ou seront consultés par le préfet.

22. — Le Conseil municipal réclame, s'il y a lieu, contre le contingent assigné à la commune dans l'établissement des impôts de répartition.

23. — Le Conseil municipal délibère sur les comptes présentés annuellement par le maire. — Il entend, débat et arrête les comptes de deniers des receveurs, sauf règlement définitif, conformément à l'art. 66 de la présente loi.

24. — Le Conseil municipal peut exprimer son vœu sur tous les objets d'intérêt local. — Il ne peut faire ni publier aucune protestation, proclamation ou adresse.

25. — Dans les séances où les comptes d'administration du maire sont débattus, le Conseil municipal désigne au scrutin celui de ses membres qui exerce la présidence. Le maire peut assister à la délibération ; il doit se retirer au moment où le Conseil municipal va émettre son vote. Le président adresse directement la délibération au sous-préfet.

26. — Lorsque, après deux convocations successives faites par le maire, à huit jours d'intervalle, et dûment constatées, les membres du Conseil municipal ne se sont pas réunis en nombre suffisant, la délibération prise après la troisième convocation est valable, quel que soit le nombre des membres présents.

27. — Les délibérations des Conseils municipaux se prennent à la majorité des voix. En cas de partage, la voix du président est prépondérante.

28. — Les délibérations sont inscrites, par ordre de date, sur un registre coté et paraphé par le sous-préfet. Elles seront signées par tous les membres présents à la séance ou mention sera faite de la cause qui les aura empêchés de signer.

29. — Les séances des Conseils municipaux ne sont pas publiques ; leurs débats ne peuvent être publiés officiellement qu'avec l'approbation de l'autorité supérieure. — Il est voté au scrutin secret toutes les fois que trois des membres présents le réclament.

LOI DU 24 JUILLET 1867
SUR LES CONSEILS MUNICIPAUX.

TITRE PREMIER. — DES ATTRIBUTIONS DES CONSÉILS MUNICIPAUX.

ARTICLE PREMIER. — Les Conseils municipaux règlent par leur délibérations: 1° les acquisitions d'immeubles, lorsque la dépense,. totalisee avec celle des autres acquisitions déjà votées dans le même exercice, ne dépasse pas le dixième des revenus ordinaires de la commune ; — 2° les conditions des baux à loyer des maisons et bâtiments appartenant à la commune, pourvu que la durée du bail ne dépasse pas dix-huit ans ; — 3° les projets, plans et devis de grosses réparations et d'entretien, lorsque la dépense totale afférente à ces projets et autres projets de la même nature, adoptés dans le même exercice, ne dépasse pas le cinquième des revenus ordinaires de la commune, ni, en aucun cas, une somme de 50.000 fr. ; — 4° le tarif des droits de place à percevoir dans les halles, foires et marchés ; — 5° les droits pour permis de stationnement et de location sur les rues, places et autres lieux dépendant du domaine public communal ; — 6° le tarif des concessions dans les cimetières ; — 7° les assurances des bâtiments communaux ; — 8° l'affectation d'une propriété communale à un service communal, lorsque cette propriété n'est encore affectée à aucun service public, sauf les règles prescrites par les lois particulières ; — 9° l'acceptation ou le refus de dons et legs faits à la commune sans charges, condition ni affectation immobilière, lorsque ces dons et legs ne donnent lieu à aucune réclamation. — En cas de désaccord entre le maire et le Conseil municipal, la délibération ne sera exécutoire qu'après approbation du préfet.

ART. 2. — Lorsque le budget communal pourvoit à toutes les dépenses obligatoires et qu'il n'applique aucune recette extraordinaire aux dépenses, soit obligatoires, soit facultatives, les allocations portées audit budget par le Conseil municipal pour des dépenses facultatives ne pouvent être ni changées ni modifiées par l'arrêté du préfet ou par le décret impérial qui règle le budget.

Art. 3. — Les Conseils municipaux peuvent voter, dans la limite du maximum voté chaque année par le Conseil général, des contributions extraordinaires n'excédant pas 5 centimes pendant cinq années, pour en affecter le produit à des dépenses extraordinaires d'utilité communale. — Ils peuvent aussi voter 3 centimes extraordinaires, exclusivement affectés aux chemins vicinaux ordinaires. — Les Conseils municipaux votent et règlent, par leurs délibérations, les emprunts communaux remboursables sur les centimes extraordinaires votés comme il vient d'être dit au 1er paragraphe du présent article, ou sur les ressources ordinaires, quand l'amortissement, en ce dernier cas, ne dépasse pas 12 années. — En cas de désaccord entre le maire et le Conseil municipal, la délibération ne sera exécutoire qu'après approbation du préfet.

Art. 4. — A l'avenir, les forêts et les bois de l'Etat acquitteront les centimes additionnels ordinaires et extraordinaires affectés aux dépenses des communes, dans la proportion de la moitié de leur valeur imposable, le tout sans préjudice des dispositions de l'art. 13 de la loi du 22 mai 1836, de la loi du 12 juillet 1865 et du § 2 de l'art. 3, de la présente loi.

Art. 5. — Les Conseils municipaux votent sans approbation du préfet : 1° les contributions extraordinaires qui dépasseraient 5 centimes sans excéder le maximum fixé par le Conseil général, et dont la durée ne serait pas supérieure à 12 années ; — 2° les emprunts remboursables sur ces mêmes contributions extraordinaires ou sur les revenus ordinaires dans un délai excédant 12 années.

Art. 6. — L'art. 18 de la loi du 18 juillet 1837 est applicable aux délibérations prises par les Conseils municipaux, en exécution des articles 1, 2 et 3, qui précèdent. — L'art. 43 de la même loi est applicable aux contributions extraordinaires et aux emprunts votés par les Conseils municipaux, en exécution des art. 3 et 5.

Art. 7. — Toute contribution extraordinaire, dépassant le maximum fixé par le Conseil général, et tout emprunt remboursable sur ressources extraordinaires dans un délai excédant 12 années, sont autorisés par décret impérial. — Le décret est rendu en Conseil d'Etat, s'il s'agit d'une commune ayant un revenu supérieur à 100,000 fr. — Il est statué par une loi, si la somme à emprunter dépasse 1 million, ou si ladite somme, réunie au chiffre d'autres emprunts non encore remboursés, dépasse un million.

Art. 8. — L'établissement des taxes d'octroi votées par les Conseils municipaux, ainsi que les règlements relatifs à leur perception, sont autorisés par décrets impériaux rendus sur l'avis du Conseil d'Etat. — Il en sera de même en ce qui concerne : — 1° des modifications aux règlements et aux périmètres existants ; — 2° l'assujettissement à la taxe d'objets non encore imposés dans le tarif local ; — 3° l'établissement ou le renouvellement d'une taxe sur des objets non compris dans le tarif général indiqué ci-après ; — 4° L'établissement ou le renouvellement d'une taxe excédant le maximum fixé par ledit tarif général.

Art. 9. — Sont exécutoires, dans les conditions déterminées par l'art. 18 de la loi du 18 juillet 1837, les délibérations prises par les Conseils municipaux, concernant : — 1° la suppression ou la diminution des taxes d'octroi ; — 2° la prorogation des taxes principales d'octroi pour 5 ans au plus ; — 3° l'augmentation des taxes jusqu'à concurrence d'un décime, pour 5 ans au plus. — Sous la condition toutefois qu'aucune des taxes ainsi maintenues ou modifiées n'excédera le maximum déterminé dans un tarif général qui sera établi, après avis des Conseils généraux, par un règlement d'administration publique, ou qu'aucune desdites taxes ne portera sur des objets non compris dans ce tarif. — En cas de desaccord entre le maire et le Conseil municipal, la délibération ne sera exécutoire qu'après approbation du préfet.

Art 10. — Sont exécutoires, sur l'approbation du préfet, lesdites délibérations ayant pour but :

la prorogation des taxes additionnelles actuellement existantes ; — l'augmentation des taxes principales au delà d'un décime ; — dans les limites du maximum des droits et de la nomenclature des objets fixés par le tarif général.

ART. 11. — Les Conseils municipaux délibèrent sur l'établissement des marchés d'approvisionnement dans leur commune. — Le § 3, de l'art. 6 et le § 3. de l'art. 41 de la loi du 10 mai 1838, sont abrogés en ce qui concerne lesdits marchés.

ART. 12. — Les délibérations des commissions administratives des hospices, hôpitaux et autres établissements charitables communaux, concernant un emprunt, sont exécutoires en vertu d'un arrêté du préfet, sur avis conforme du Conseil municipal, lorsque la somme à emprunter ne dépasse pas le chiffre des revenus ordinaires de l'établissement et que le remboursement doit être affectué dans un délai de 12 années. — Si la somme à emprunter dépasse ledit chiffre, ou si le délai de remboursement est supérieur à douze années, l'emprunt ne peut être autorisé que par un décret de l'empereur. — Le décret d'autorisation est rendu dans la forme des règlements d'administration publique, si l'avis du Conseil municipal est contraire ou s'il s'agit d'un établissement ayant plus de 100,000 fr. de revenus. — L'emprunt ne peut être autorisé que par une loi, lorsque la somme à emprunter dépasse cinq cent mille francs, ou lorsque ladite somme, réunie au chiffre d'autres emprunts non encore remboursés, dépasse cinq cent mille francs.

ART. 13. — Les changements dans la circonscription territoriale des communes faisant partie du même canton sont définitivement approuvés par les préfets, après accomplissement des formalités prévues au titre 1er de la loi du 18 juillet 1837, en cas de consentement des Conseils municipaux et sur avis conforme du Conseil général. — Si l'avis du Conseil général est contraire, ou si les changements proposés dans les circonscriptions communales modifient la composition d'un département, d'un arrondissement ou d'un canton, il est statué par une loi. — Tous autres changements dans la circonscription territoriale des communes sont autorisés par des décrets rendus dans la forme des règlements d'administration publique.

Art. 14. — La création des bureaux de bienfaisance est autorisée par les préfets, sur l'avis des Conseils municipaux.

*
* *

Après l'examen attentif de la loi, nous ne nous livrerons pas à des commentaires que le lecteur fera de lui-même, et qui, d'ailleurs, trouveront leur place dans nos développements ultérieurs. Il suffit, pour l'instant, que l'électeur municipal possède bien les éléments généraux et l'ensemble des chapitres qu'il vient d'étudier. De cette manière, il est logiquement amené à comprendre quelle attention, quelle sévérité il est tenu d'apporter dans le choix des représentants de la commune, sur qui, en somme, repose tout l'intérêt municipal.

Mais, en outre, cette lecture nous aura fait remarquer une chose, c'est que la loi ne fait qu'indiquer sommairement ce qui a trait à l'initiative municipale.

Ainsi, une courte formule : « Le Conseil municipal peut exprimer son vœu sur tous les objets d'intérêt local » (1), jointe aux ressources que lui offre le chapitre additionnel du budget communal sont les seuls aliments offerts à l'initiative du Conseil, en dehors des objets prévus et classés par la loi.

D'ailleurs, nous croyons que le droit des Conseils municipaux n'est pas reconnu dans toutes ses manifestations nécessaires, et que la loi refuse à ces assemblées des attributions qui devraient leur appartenir sans conteste.

Il en est de même, à un autre point de vue, du

---

(1) Art. 24 de la loi du 18 juillet 1837.

droit de contrôle des citoyens, et de la responsabilité presque illusoire des Conseils municipaux devant le corps électoral. Ce dernier, en effet, ne peut exercer qu'un contrôle passif, mal informé, dépourvu de sanction efficace.

Or, pour rattacher plus fortement encore l'électeur à la chose municipale, ne serait-il pas possible, urgent, d'introduire dans notre législation quelques réformes qui rendraient plus indépendantes, plus larges, les attributions du Conseil municipal, plus sérieux, plus effectif le recours du corps électoral ?

C'est ce qu'il convient d'examiner.

CHAPITRE III

On sait que la loi fixe à trois ans la durée des pouvoirs des Conseils municipaux. Or, cette période n'est-elle pas trop longue ? Renouveler plus souvent les municipalités, nous dira-t-on, c'est éterniser l'agitation dans la commune. Mais alors s'il y a dans ces assemblées des mandataires négligents, incapables, ou qui ne soient plus en conformité de vue avec leurs électeurs, les intérêts communaux devront donc souffrir de cette impéritie ou de ce désaccord pendant un laps de temps égal ?

Pour obvier à ce grave inconvénient, on pourrait inscrire dans la loi une disposition particulière qui permettrait : 1° de renouveler le Conseil municipal par tiers tous les ans, — les membres sortants restant rééligibles ; 2° de considérer comme déchu de son mandat, mais avec les recours d'usage, tout conseiller qui aurait manqué deux fois consécutivement aux délibérations du Conseil sans motifs sérieux et prouvables.

A cet égard, la loi actuelle n'est pas assez sévère et elle peut être facilement éludée (1).

Le renouvellement annuel par tiers permettrait au corps électoral de faire la sélection, c'est-à-dire d'éliminer au fur et à mesure les conseillers défectueux pour les remplacer par d'autres plus intelligents, plus exacts, plus actifs, et d'opinions plus fermes et plus conformes aux siennes.

Dans ces dispositions nouvelles, les électeurs trouveraient par surcroît, avec une garantie contre leurs propres erreurs, l'occasion et le moyen de faire parvenir leur avis sur telle question ou tel projet en cours de discussion au Conseil.

Enfin, ce mode d'élection rendrait accessibles les fonctions municipales à un plus grand nombre de citoyens. Ce qui aurait pour résultat désirable la formation d'un personnel municipal plus instruit de l'administration et plus soucieux de l'intérêt général.

***

Cette réforme doit avoir pour corollaire la nomination du premier magistrat de la commune par le Conseil municipal. Depuis longtemps l'opinion se prononce nettement pour cette solution républicaine et logique par-dessus tout.

Que l'Empire se soit réservé partout la nomination des municipalités, cela s'explique. Jamais pouvoir despotique et appeuré n'eut tant besoin de centraliser les rouages gouvernementaux.

---

(1) Elle est ainsi conçue : « Tout membre du conseil municipal qui, sans motifs légitimes, a manqué à trois convocations successives, peut être déclaré démissionnaire par le préfet, sauf recours, dans les dix jours de la notification, devant le conseil de préfecture. (Art. 20 de la loi du 5 mai 1855.)

Mais la République peut et doit se montrer plus soucieuse des libertés locales. A présent qu'elle est fondée sur des assises inébranlables, elle a tout intérêt à décentraliser et à se soustraire par cela même à mille difficultés sans bénéfice, à toutes sortes d'embarras sans compensation, et aux responsabilités qui en résultent.

L'action gouvernementale échapperait ainsi aux sollicitations intéressées, aux intrigues des coteries, aux calculs des ambitions locales, — toutes choses dont l'administration supérieure ne peut toujours se préserver, — et, par conséquent, aux plaintes, aux rancunes et à l'impopularité qui en sont l'inévitable suite.

D'ailleurs, la loi actuelle qui régit la matière est illogique et injuste. En accordant aux Conseils municipaux des plus petites, des plus insignifiantes communes, le droit de nommer leur maire et en refusant ce même droit aux chefs-lieux de canton, d'arrondissement et de département, la loi ne consacre-t-elle pas une criante inégalité ?

Il est donc temps d'accorder le droit commun à toutes les communes indistinctement. Plus rien à présent, pas même l'ombre d'une nécessité politique, ne saurait justifier ces exceptions peu libérales et peu rationnelles.

*
* *

Le recrutement du Conseil et de la municipalité ainsi modifié, il faudrait faciliter aux électeurs le contrôle et la connaissance des affaires municipales.

Le moyen est simple : chaque électeur devrait recevoir régulièrement le compte-rendu sommaire des séances du Conseil, extrait du registre des délibérations. Rien ne serait plus instructif, plus stimulant, plus favorable à l'intérêt communal.

Cela, du reste, ne nécessiterait pas de grands

frais. Il existe une petite machine à imprimer fort
simple, le polycopie, dont le prix est si minime
qu'il est à la portée des plus pauvres communes.
Par ce moyen, on pourrait obtenir, en moins d'une
heure, une centaine d'exemplaires du compte-rendu.
Les communes plus riches pourraient faire emplète
d'un matériel plus perfectionné et plus expéditif.
Mais, tout en donnant ce moyen pour ce qu'il vaut,
nous tenions à prouver qu'il n'y avait pas d'impossibilité matérielle. Rien n'empêcherait encore que
les Conseils municipaux s'entendissent avec la presse locale pour la reproduction de leurs séances,
quoique ce moyen soit moins économique.

L'essentiel, c'est que les délibérations du Conseil soient mises à la portée de tous. Mais l'usage
de ce droit, que la loi reconnaît explicitement,
n'est pas facile à réaliser ; car si « tout habitant et
tout contribuable a droit de demander communi-
cation sans déplacement, et de prendre copie des
délibérations du Conseil municipal de la commune. » (Loi du 5 mai 1855, art. 22.), on sait très
bien qu'il y aura impossibilité matérielle pour la
grande majorité des citoyens de feuilleter et de
copier le registre des délibérations.

Pourquoi, dès lors, ne pas généraliser ce droit,
en facilitant son application par la publication du
compte-rendu des délibérations en nombre égal à
celui des électeurs de la commune ?

Une fois ce service organisé, le corps électoral
pourrait suivre régulièrement les travaux du Conseil municipal, ce qui est matériellement impossible avec le système actuel. Les électeurs pren-
draient goût aux affaires municipales, s'y attache-
raient d'autant plus qu'ils les connaîtraient mieux,
et pourraient les discuter ainsi avec plus de compétence. Et cela, au plus grand profit des idées pra-

tiques, qui ne rencontreraient plus cette opposition ignorante et obstinée d'un certain nombre de gens mal informés.

Enfin, ce moyen serait infiniment supérieur à l'affichage des délibérations ; car, quelle que soit la quantité d'exemplaires apposés, il n'y aura qu'un petit nombre de personnes qui les liront. Encore aura-t-on vu ces affiches à la hâte ; au milieu des commentaires de toutes sortes, et en subissant les appréciations de chacun. On n'y aura rien compris. Au contraire, le compte-rendu remis au domicile des citoyens forcera l'attention, en permettant à tous d'étudier, de revoir les questions d'intérêt local, et de s'en former une idée précise. L'électeur pourra alors apprécier, et en toute connaissance de cause, le zèle et la compétence des représentants de la commune.

* *

Parmi les complications qui nuisent au fonctionnement régulier de l'administration municipale, il en est une qu'il y aurait, selon nous, avantage à supprimer.

L'article 42 de la loi du 18 juillet 1837, confirmé par la loi de 1867, porte que : « Dans les communes dont les revenus sont inférieurs à cent mille francs, toutes les fois qu'il s'agit de contributions extraordinaires ou d'emprunt, les plus imposés au rôle de la commune seront appelés à délibérer avec le Conseil municipal, en nombre égal à celui des membres en exercice. »

Ainsi, lorsque la commune solde son chapitre des recettes par le chiffre de cent mille francs, le Conseil municipal est dispensé de l'adjonction des plus imposés et décide seul des emprunts et des impositions extraordinaires (1). Mais si ce cha-

---

(1) Dans la mesure déterminée par la loi.

pitre ne produit que quatre-vingt-quinze mille
francs ou moins encore, l'art. 42, cité plus haut,
lui est applicable. De sorte que plus le budget
communal est important, moins l'adjonction des
plus imposés paraît nécessaire. Nous ne compre-
nons guère la logique d'une telle oscillation.

Ou les plus imposés ayant partout les mêmes
intérêts ont partout les mêmes droits, et l'on doit
les adjoindre au Conseil dans tous les cas visés
par la loi, quelle que soit l'importance du budget
communal, — ou il y a là un de ces archaïsmes
administratifs qu'il serait plus simple de reléguer
dans l'arsenal des lois disparues. Cela est évidemment un vestige de l'ancienne période du cens. Et
puisque nous n'en sommes plus à la représentation
des intérêts, mais de tous les intérêts, cette anti-
quité n'a plus qu'à disparaître.

Du reste, au point de vue de la sage gestion des
finances communales, n'existe-t-il pas des garanties plus efficaces ?

Admettons que l'un des Conseils visés par la loi
se laisse imprudemment entraîner, qu'il conçoive
ou adopte légèrement des projets de nature à
obérer la commune, à compromettre son avenir
et l'équilibre budgétaire. Est-ce que la loi, dans ce
cas, ne fournit pas à l'autorité supérieure les pouvoirs nécessaires à l'annulation de toute illégalité
ou de toute infraction aux règles d'une sage administration ?

Le maire même peut faire opposition à la décision du Conseil. « Et en cas de désaccord entre le
maire et le Conseil, la délibération ne sera exécutoire qu'après approbation du préfet (1). » Mais
cette disposition est l'une des plus arbitraires

____

(1) (Art. 3 et 9 de la loi du 24 juillet 1867.)

de la loi; car elle semble provoquer le conflit entre le maire et le Conseil municipal.

On peut espérer, d'ailleurs, que cette arme rouillée de l'Empire disparaîtra naturellement quand la nomination du maire sera rendue au Conseil.

A ce point de vue, nous avons mieux. La loi du 18 juillet 1837 dit (art. 20) : « Les délibérations des Conseils municipaux sur les objets énoncés à l'article précédent (1) sont adressées au sous-préfet. Elles sont exécutoires sur *l'approbation du préfet, sauf les cas où l'approbation par le ministre compétent, ou par ordonnance royale*, est prescrite par les lois ou par les règlements d'administration publique. »

De plus, la loi du 24 juillet 1867 porte (art. 5) : « Les conseils municipaux votent, *sauf approbation du préfet* : 1° les contributions extraordinaires qui dépasseraient cinq centimes, sans excéder le maximum fixé par le Conseil général, et dont la durée ne serait pas supérieure à douze années. »

(Art 6.) « L'art. 18 du 18 juillet 1837 est applicable aux délibérations prises par les Conseils municipaux en exécution des art. 1, 2 et 3 de la loi du 24 juillet 1867 (2). »

(Art. 7.) « Toute contribution extraordinaire dépassant le maximum fixé par le Conseil général et tout emprunt remboursable sur ressources extraordinaires, dans un délai excédant douze années, sont autorisés par décret impérial.

» Le décret est rendu en Conseil d'Etat s'il s'agit d'une commune ayant un revenu supérieur à cent mille francs.

» Il est statué par une loi si la somme à em-

_____

(1) Voir l'art. 19 de la loi du 18 juillet 1837.
(2) Se reporter à l'art. 3 de la loi du 24 juillet 1867.

prunter dépasse un million ou si la dite somme, réunie au chiffre d'autres emprunts non encore remboursés, dépasse un million. »

Enfin, l'art. 36 de la loi du 18 juillet 1837, modifié par l'art. 2 de la loi du 24 juillet 1867, est plus péremptoire encore : « *Les dépenses proposées au budget d'une commune peuvent être rejetées ou réduites par l'ordonnance du Roi, ou par l'arrêté du préfet, qui règle ce budget.* »

Ces courtes citations suffisent pour établir deux choses que nous tenions à prouver : 1° le contrôle exercé par l'administration supérieure au nom de la loi est accompagné d'un pouvoir suffisamment efficace pour suspendre et annuler tout acte irréfléchi du Conseil municipal ; 2° au point de vue même de l'intérêt général, la collaboration des plus imposés est complètement inutile.

D'ailleurs, leur situation même vis-à-vis du Conseil municipal n'est pas exempte d'une certaine infériorité désagréable ; et leur concours semble se réduire, en somme, à une simple formalité.

Une circulaire du Ministre de l'intérieur, en date du 27 mars 1837, s'exprime ainsi : « Quant aux droits attribués aux plus forts contribuables, dans l'examen des dépenses qui donnent lieu aux impositions extraordinaires, ils ne sont pas de même nature que ceux du Conseil municipal. Evidemment, le Conseil municipal étant le représentant légal de la commune, c'est à lui qu'il appartient exclusivement d'apprécier les projets conçus et proposés par le maire, il doit donc en délibérer avant l'adjonction des plus imposés. Lorsque ces projets sont adoptés par le Conseil, la question de convenance est résolue : ils ne sont appelés qu'à reconnaître l'urgence de la dépense et l'insuffisance des revenus communaux pour y pourvoir.»

Comme on le voit, l'utilité des plus imposés est très secondaire ; à tel point qu'on pourrait s'en passer. Dans plus d'un cas, en outre, ils nuisent à la bonne direction des délibérations et à la prompte expédition des affaires.

C'est ainsi que les plus imposés négligent de se rendre aux convocations qui leur sont adressées. Au contraire, viennent-ils au Conseil, c'est avec un parti pris contre des projets qu'ils n'ont pas étudiés, qu'ils connaissent à peine, qu'ils ne consentiront jamais à mettre d'accord avec leur intérêt égoïste, et à propos de quoi ils saisissent l'occasion de faire une opposition systématique au Conseil et à la municipalité.

Cette dernière attitude s'explique parfaitement ; elle tient à une faiblesse humaine ; car c'est surtout parmi les plus imposés qu'on rencontre ces vanités froissées qui ne sauraient pardonner aux représentants de la commune les préférences du corps électoral.

Quoi qu'il en soit, le Conseil municipal possède la confiance des électeurs, puisqu'il en a reçu mandat. Il nous paraît donc suffisamment valide pour administrer tous les intérêts de la commune, sans qu'il y ait lieu de lui adjoindre un certain nombre de gens de mauvaise volonté, quelquefois sans aptitude, sous le bizarre prétexte qu'ils sont gros contribuables.

*
* *

En résumé, ce n'est pas par l'introduction d'éléments étrangers dans le sein du Conseil, que l'on contribuera à entourer ses délibérations des garanties de sagesse désirable. Il serait plus à propos de lui faciliter les moyens d'étudier les questions, sans trop lui marchander le temps qu'il doit y consacrer.

On sait que le Conseil municipal nomme autant de commissions qu'il y a de questions importantes à l'ordre des séances. La tâche de ces commissions est nettement déterminée. Après avoir étudié le sujet dont elles sont chargées de préparer la discussion, elles soumettent leurs conclusions au Couseil qui, après en avoir délibéré, décide quelle suite il y sera donnée.

Il va de soi que le Conseil municipal choisit de préférence pour chaque commission les conseillers dont les aptitudes spéciales s'adaptent le mieux aux différentes questions à l'étude, et qui offrent par cela même le plus de garanties de compétence.

Or, au point de vue même de l'organisation et du fonctionnement régulier de ces commissions, il y aurait peut-être avantage à rendre facultative une obligation aujourd'hui absolue.

En vertu de la loi de 1855, le maire est de droit président de toutes les commissions formées dans le sein du Conseil (1). Il en résulte que ce dernier, qui a des occupations multiples, ne peut toujours réunir et présider ces commissions aussi fréquemment que les affaires l'exigeraient ; de là, des lenteurs et des négligences inévitables.

Il serait donc préférable que ces commissions eussent le droit de nommer elles-mêmes leur président, sans être tenues de prendre toujours le chef de la municipalité.

Enfin, sans empiéter sur les attributions de ce dernier, sans diminuer son autorité, on pourrait reconnaître aux présidents de ces commissions le droit de convocation, et la faculté de se procurer tous les documents et pièces nécessaires à l'étude

---

(1) Rapport de la commission du Corps législatif dans la discussion de la loi de 1855.

de la question dont elles sont chargées, sans être obligées d'avoir recours constamment au maire.

Ces commissions fonctionneraient sous le contrôle du Conseil et du maire. Elles pourraient être tenues de fournir un rapport écrit relatant leurs travaux et la solution qu'elle propose. Quant à la durée de leur pouvoir, elle serait limitée à la décision que le Conseil prendrait à la suite du rapport présenté par elle, ainsi que l'esprit de la loi l'entend.

Les affaires seraient ainsi traitées avec plus de suite, plus de méthode, plus de savoir, et aboutiraient plus exactement.

*
* *

Le droit des Conseils municipaux n'est-il pas encore trop limité en ce qui concerne le recrutement du personnel administratif des établissements de bienfaisance communaux?

L'intérêt matériel et moral des communes et celui des indigents n'exigeraient-ils pas que la nomination des membres des bureaux de bienfaisance et des administrations hospitalières revînt tout entière au Conseil municipal?

Il y aurait à cela bien des avantages. Ce serait le dernier coup porté à cet esprit d'exclusivisme et d'intolérance religieuse, dont on accuse, et souvent à bon droit, des administrations excellentes quant à leur but, mais qui ont pour mission d'exercer la charité la plus large, en dehors de tout parti pris, de toute recommandation intéressée, de toute servilité, de tout intérêt clérical ou autre.

Sous l'ancien système, on ne ménageait guère la dignité du pauvre. En revanche, on savait contraindre sa conscience et le dépouiller de son libre arbitre. — Que de fois l'indigent a dû recevoir avec l'aumône une impérieuse injonction! Que de fois le pain qu'il mange a dû coûter à sa liberté de conscience !

A ce point de vue, heureusement, nous pouvons constater les bienfaits déjà visibles du régime nouveau.

Peut-être, aussi, verrait-on s'atténuer, revenir à des proportions raisonnables, le principe louable des économies ; principe qui, par son exagération, par son application trop rigoureuse, devient une véritable calamité pour les infortunes laissées en dehors de l'action bienfaisante de ces administrations. Nous admettons parfaitement que la charité doit aussi se réglementer, éviter l'exagération, car elle deviendrait bientôt une cause de fainéantise et de démoralisation. Mais, vraiment, il y a des cas où la charité locale s'exerce aussi arbitrairement que chichement. Les bureaux de bienfaisance et surtout les hospices dépenseraient peut-être une plus large part de leurs revenus ; en tous cas, les malheureux seraient moins nombreux et mieux secourus, ce qui est le point important.

Les dispositions plus libérales de la loi nouvelle prouvent que l'on a reconnu ces abus en même temps que la nécessité de les faire disparaître.

Le Conseil municipal et le préfet, sur la présentation du maire, se partagent aujourd'hui la nomination des membres de ces administrations.

C'est un premier pas, et le temps n'est pas éloigné où l'on sera amené à reconnaître ce droit tout entier au Conseil municipal, parce que c'est le pouvoir le mieux placé pour juger toutes les questions qui se rattachent à la charité locale.

***

Chaque fois que la commune est tenue d'assurer un service et qu'elle l'entretient de son argent,

puise-t-elle dans cette obligation le droit de con
trôler l'emploi des sommes versées par elle ?

En droit, cela est incontestable. Cependant, ce
principe n'est pas observé en fait pour ce qui a
rapport aux charges des communes dans les dépenses obligatoires du culte.

En vertu de l'art. 76 de la loi du 8 avril 1802
(18 germinal an X), qui a ordonné l'établissement
des fabriques, ces dernières sont chargées de la
gestion des biens et des revenus des églises. Un
décret du 30 décembre 1809 formule ainsi leurs
attributions : art. 1er. « Les fabriques sont chargées
de veiller à l'entretien et à la conservation des
temples ; d'administrer les aumônes et les biens,
rentes et perceptions autorisées par les lois et ré-
glements, *les sommes supplémentaires fournies
par les communes*, et généralement tous les fonds
qui sont affectés à l'exercice du culte. »

Quant à l'administration du conseil de fabrique,
elle est ainsi recrutée : « Dans les paroisses ou
succursales dans lesquelles le conseil de fabrique
sera composé de neuf membres, non compris les
membres de droit (le maire et le curé), cinq des
conseillers seront — pour la première fois — à la
nomination de l'évêque, et quatre à celle du préfet
dans celle où il ne sera composé quede cinq membres, l'évêque en nommera trois et le préfet deux.»

Le conseil de fabrique, une fois nommé, — et
l'on voit dans quelles conditions — se recrute de
lui-même lorsqu'il y a des vacances, et les membres sortants sont rééligibles.

Or, l'origine, les attributions et le mode électif
de cette administration en font fatalement un corps
fermé, réfractaire à tout contrôle, et surtout peu
disposé à se prêter aux investigations du Conseil
municipal, dont il déteste l'esprit. Cela est telle-

ment vrai, qu'un certain nombre de ces administrations fabriciennes sont parvenues à soustraire
les irrégularités de leur comptabilité aux autorités
administratives et au Conseil municipal. « Plusieurs prélats même ont dû signaler à différentes
reprises, à M. le Ministre des cultes, des irrégularités dans la comptabilité des fabriques » (1).

Cependant, la loi a voulu éviter un tel désordre ;
car lorsque les communes, en vertu du décret du
30 décembre 1809, sont obligées de suppléer à
l'insuffisance des revenus de la fabrique pour les
charges relatives au culte, elle dit positivement :
« Le budget de la fabrique sera porté au Conseil
municipal dûment convoqué à cet effet, pour y être
délibéré ce qu'il appartiendra. »

Mais *il* semble que cette claire injonction de la
loi soit peu à peu tombée en désuétude par la faiblesse ou la connivence des administrations et des
régimes précédents. Une décision ministérielle,
en date du 3 janvier 1873, nous montre, d'ailleurs,
jusqu'où l'on peut pousser le mépris des droits de
la commune. Elle contient cette disposition : « Le
Conseil municipal n'a pas le droit d'exiger la pro-
duction des registres de comptabilité. Il suffit de
l'offre par la fabrique de les communiquer sans
déplacement. »

Il est impossible d'en prendre plus à son aise
avec les textes et l'intérêt des contribuables. Une
circulaire plus récente, qui est un signe des temps,
résout la question dans un sens plus conforme à
l'esprit de la loi et aux intérêts des communes.
Elle s'exprime ainsi : « De là, en premier lieu,
l'obligation, pour les fabriques, de déposer à la
mairie, *même les années où elles ne sollicitent pas*

---

(1) Circulaire du Ministre des cultes aux autorités
diocésaines.

de subvention communale, le double de leurs comptes, ainsi que le prescrit l'article 89 du décret du 30 décembre 1809 » (1).

Ce qui, remarquons-le en passant, n'avance pas à grand'chose.

Quoi qu'il en soit, ces textes plus ou moins contradictoires sont encore trop restrictifs du droit des communes. Et, en dépit de toutes les circulaires ministérielles, les Conseils municipaux ne seront guère en mesure d'exercer un contrôle suivi d'effet sur la gestion du bureau des marguilliers. En tous cas, il faut envisager ceci : Quand la fabrique ne peut suffire à ses dépenses et qu'elle a recours aux deniers communaux, qu'est-ce qui prouve le bien fondé de sa demande ? qu'est-ce qui prouve que cette situation n'est pas due à une gestion imprudente, à des dépenses somptuaires, exagérées, ou même à une disposition infidèle du budget de la fabrique ?

Ce dernier fait paraît se reproduire assez souvent si nous en croyons la circulaire ministérielle citée plus haut, qui l'observe dans les termes suivants : « Les pourvois présentés au Conseil d'Etat, en matière ecclésiastique, ont donné lieu de remarquer la tendance des fabriques à s'adresser aux communes avant d'avoir épuisé toutes les ressources auxquelles la loi les oblige à recourir, et notamment les reliquats des exercices clos.

Contrairement aux dispositions formelles de l'art. 82 du décret de 1809, des fabriques, en grand nombre, laissent les reliquats des exercices clos s'accumuler sans les reporter à aucun chapitre. Elles en forment un fonds spécial qu'elles affectent

---

(1) Circulaire du Ministre des cultes aux autorités diocésaines. Décembre 1879.

à des dépenses non autorisées et qui échappent ainsi aux règles de la comptabilité ordinaire. »

C'est là une supercherie coupable, une entorse donnée aux prescriptions légales. Car « les communes ne sont tenues de solder les exercices obérés que déduction faite des années meilleures » (1).

Mais comment le Conseil municipal pourra-t-il se rendre compte de ces irrégularités, s'il n'a pas un contrôle direct et permanent sur la comptabilité des fabriques ?

Pour sauvegarder l'intérêt de la commune et celui de l'Etat, suffira-t-il d'avoir simplement à « connaître les recettes et les dépenses des établissements fabriciens, et dans certains cas, de critiquer, soit l'ordre dans lequel les recettes sont employées, soit la nature des dépenses ? » (2). Evidemment non. Le Conseil municipal a droit à des garanties moins platoniques. N'avoir qu'à connaître les besoins de la fabrique pour solder son déficit, et d'autre recours que celui de critiquer des dépenses qu'on est, en fin de compte, obligé de payer, c'est vraiment trop sommaire.

Tant que l'on conservera le mode de ecrutement actuel des Conseils de fabrique, on pourra multiplier les règlements et les circulaires, on n'obtiendra rien et les abus se reproduiront sous d'autres formes. La circulaire ministérielle que nous avons déjà citée nous donne, à ce point de vue, la mesure du peu de scrupule de certaines administrations fabriciennes et du peu de souci qu'elles ont de l'intérêt communal.

Or, en l'état des choses, serait-il possible de changer ces tendances, ces habitudes ? Nous avons

____

(1) Circulaire déjà citée.
(2) Circulaire déjà citée.

peine à le croire. Le plus simple et le plus court serait de réserver au Conseil municipal la nomination des membres du Conseil de fabrique, dont le curé et le maire, je suppose, pourraient rester membres de droit.

Il serait possible alors d'organiser un contrôle sérieux sur la gestion des fabriques. Tous les ans, dans une cession spéciale, l'administration fabricienne présenterait au Conseil municipal ses comptes et mémoires. Ce dernier pourrait les faire apurer par une commission spéciale prise dans son sein.

En cas d'irrégularité dans la comptabilité ou dans l'ordre des dépenses de la fabrique, ce qui ne serait plus guère à craindre, le Conseil municipal, tout en faisant ses réserves sur les exercices suivants, pourrait en référer à l'autorité supérieure, selon les recours d'usage.

CHAPITRE IV.

Le budget est le point le plus important de l'administration communale ; aussi tous les électeurs devraient-ils le connaître au moins dans ses lignes générales, dans ses détails principaux.

Le budget est proposé par le maire au Conseil municipal, qui délibère sur toutes les recettes et dépenses qu'il contient, dans l'ordre où elles sont classées. Tous les ans, une session spéciale (session de mai) est consacrée à son examen et à sa discussion.

Le budget est donc le tableau des recettes et des dépenses qui doivent se faire pour le compte de la commune pendant le cours de l'exercice. Il faut comprendre par exercice le temps pendant lequel les crédits sont ouverts — du 1ᵉʳ janvier au 31 décembre, — et par crédits les sommes allouées pour le solde des dépenses.

La forme du budget est identique pour toutes les communes. Des cadres spéciaux assurent l'uniformité de la comptabilité communale pour toute la France.

On a divisé le budget en deux titres : Le premier est celui des recettes ; et le second, celui des dépenses. Ces titres sont subdivisés en chapitres. Pour les recettes, le chapitre Iᵉʳ est celui des *Recettes ordinaires;* et le chapitre II, celui des *Recettes extraordinaires.*

Pour le titre des dépenses, le chapitre Iᵉʳ est celui des *Dépenses ordinaires;* et le chapitre II, celui des *Dépenses extraordinaires.* Ces chapitres forment le budget primitif.

Le chapitre Iᵉʳ (*Recettes ordinaires*) renferme toutes les ressources qui ont pour objet de mettre la commune en état de faire face à toutes ses dépenses annuelles, obligatoires ou non. Quant à celles qui figurent dans le chapitre II (*Recettes extraordinaires*), elles sont destinées à des dépenses éventuelles et temporaires.

Le chapitre Iᵉʳ et le chapitre II des dépenses (*Dépenses ordinaires et Dépenses extraordinaires*) répondent exactement dans l'ordre des dépenses aux deux précédents chapitres dans l'ordre des recettes.

Mais le titre Iᵉʳ (*recettes*) renferme un troisième chapitre intitulé : *Recettes supplémentaires;* le titre II (*Dépenses*), également un troisième chapitre intitulé : *dépenses supplémentaires.*

Or, ces deux chapitres prennent pour titre commun, celui de : *Chapitre additionnel.*

« Le chapitre additionnel des recettes (recettes
» supplémentaires) est divisé en deux sections. La
» première renferme : 1° Le report de l'excédant
» de l'exercice clos, dans lequel se trouve le mon-
» tant des sommes provenant du crédit ou portion
» de crédit annulés faute d'emploi au budget pré-
» cédent; 2° les restes à recouvrer de l'exercice
» clos. La deuxième section comprend toutes les
» recettes de quelque nature qu'elles soient, et
» qui, non prévues au budget primitif, sont auto-
» risées supplémentairement dans le cours de
» l'année.

» Le chapitre additionnel des dépenses (dépenses
» supplémentaires) est également divisé en deux
» sections. La première renferme : 1° l'excédant
» des dépenses de l'exercice clos, lorsque les re-
» cettes ont été inférieures aux dépenses ; 2° les
» crédits ou portions de crédits reportés du bud-
» get précédent, pour restes à payer sur les cré-
» dits annulés. La deuxième section reçoit tous les
» crédits supplémentaires autorisés après l'appro-
» bation du budget primitif (1). »

Les dépenses ne peuvent être acquittées que sur
les crédits ouverts à chacune d'elles, ni ces crédits
être employés par les maires à d'autres dépenses
(Décret 1862, art. 402). Aucune dépense ne peu être
acquittée si elle n'a été préalablement ordonnancée
par le maire sur un crédit régulièremen touvert(Même
décret, art. 503). Les maires demeurent chargés, sous
leur responsabilité, de la remise aux ayants droit des
mandats qu'ils délivrent sur la caisse municipale
(Même décret, art. 504). Le maire peut seul délivrer des mandats ; s'il refuse d'ordonnancer une
dépense régulièrement autorisée et liquidée, il es

---

(1) Durand de Nancy.

prononcé par le préfet en Conseil de préfecture. L'arrêt du préfet tient lieu de mandat (Même décret, art. 505).

Les crédits ouverts par les budgets d'une année ne peuvent être employés qu'à des dépenses effectuées dans l'année même, c'est-à-dire du 1er janvier au 31 décembre. Tout crédit alloué pour une dépense qui n'a pas été réalisée dans le cours de l'année est annulé de droit au 31 décembre ; si la dépense a été faite en partie, il n'y a d'annulé que la portion du crédit qui excéde le montant de la dépense effectuée (Ordonnance de 1838, art. 450).

Les crédits restent à la disposition du maire ordonnateur, jusqu'au 15 mars de l'année suivante, mais seulement pour compléter les dépenses auxquelles ils ont été affectés (Décret de 1862, art. 66). Après le 31 mars l'exercice est clos ; les crédits demeurés sans emploi sont annulés, et les restes à recouvrer et à payer sont reportés de droit, et sous un titre spécial, au budget de l'exercice pendant lequel la clôture a lieu (Même décret, art. 507) (1).

Bien que le budget dans toutes ses parties ait droit à la sollicitude du Conseil municipal, on conçoit que les chapitres additionnels sont infiniment plus attachants que le budget primitif, parce que ce sont eux qui fournissent le principal aliment à l'initiative locale.

C'est là, en effet, que le Conseil trouve ou crée les ressources supplémentaires au moyen desquelles il peut réaliser les projets d'édilité qui augmenteront l'importance matérielle et morale de la commune.

Et c'est peut-être parce qu'on ne se rend pas

---

(1) Puisé dans l'ouvrage de Durand de Nancy.

compte exactement de tout ce que l'on peut faire de ce côté, qu'un certain nombre de communes restent stagnantes au lieu de progresser.

Nous savons, à ce propos, qu'il y a un mot sonore qui semble tenir lieu du reste à ceux qui le prononcent. Et l'on dirait, en vérité, que ceux qui parlent constamment d'économies ont épuisé la sagesse.

Certes, l économie est excellente en soi, et nous serions des premiers à en conseiller l'application dans les affaires municipales. Mais une observation trop étroite, et par cela même peu intelligente de cc principe, qui va jusqu'à retarder indéfiniment les projets les plus utiles, jusqu'à tarir la vie communale et les sources de l'activité publique, c'est ce qu'on ne saurait trop critiquer. Une pareille façon d'entendre l'administration du budget communal, et cela a encore cours, serait plus fatale, plus ruineuse que la prodigalité elle-même.

Le budget communal ne doit pas être administré comme le budget d'un particulier. Si ce dernier a le droit et quelquefois le devoir d'économiser sur ses revenus, de les accumuler en bornant ses dépenses au strict nécessaire, il en va tout autrement pour le budget communal.

Ici les excédants ont toujours leur emploi. On peut même dire que les revenus sont généralement insuffisants, si l'on se place au point de vue de ce qu'il reste à faire dans les communes. C'est ce qui explique les cas nombreux où il est nécessaire de créer de nouvelles ressources, en recourant à l'emprunt et aux impositions extraordinaires.

Il faut comprendre que l'intérêt public ne peut s'accommoder d'économies exclusives, d'impuissance et d'inactivité, et qu'il lui faut surtout le travail et le progrès. Par conséquent, la plus déplo-

rable façon de gérer les finances communales con-
sisterait à ramener le budget aux dépenses obligatoires et annuelles. Ce qu'il faut, au contraire, c'est
élargir le chapitre additionnel jusqu'aux limites
tracées par les ressources de la commune.

Les dépenses utiles sont fécondes ; et, en raison-
nant un peu plus largement le budget, que de
bonnes et utiles choses on pourrait faire !

D'ailleurs, qu'on y réfléchisse, tous ces travaux
d'édilité ne sont pas seulement excellents au point
de vue de leur utilité directe ; mais ils constituent,
de plus, un des éléments de la prospérité publique, au point de vue du travail, des affaires et,
par conséquent, du bien-être général.

CHAPITRE V.

Quelle que soit l'importance de nos intérêts
communaux, ces derniers ne sauraient nous faire
oublier les intérêts de la patrie.

C'est dans la commune que nous exerçons nos
droits de citoyen, de Français, que nous accom-
plissons notre devoir politique, que nous pesons
de notre influence d'électeur sur les destinées du
pays, qu'il nous faut assurer le présent et préparer
l'avenir.

A notre suite, arrivent les générations nouvelles.
Notre devoir est de leur léguer intact et agrandi
le patrimoine civique acquis au prix de tant d'efforts. L'enfant, cette aurore, ce but de l'espérance
et de l'orgueil de la Patrie, a droit à toute notre
sollicitude, à tous nos sacrifices. La loi de progrès
veut que nous fassions pour elles mieux et plus
qu'on a fait pour nous. N'est-ce pas par ces géné-

rations que la France vivra, que se développera
le génie national, que s'accomplira la mission pro-
gressive et civilisatrice ? Et ne faut-il pas les
préparer à cette œuvre ?

Or, ceci implique une haute question, celle de
l'instruction populaire.

Il n'en est pas de plus importante pour l'avenir
de la démocratie, de plus pressée et qui mérite
mieux de fixer l'attention des bons citoyens.

La République, c'est une justice à lui rendre,
peut enregistrer à son actif d'immenses, de ma-
gnifiques efforts. — Le budget de l'instruction publique dépasse aujourd'hui trente millions de
francs. — Mais nous devons surtout considérer ici
ce que la commune peut réaliser pour l'instruction
du peuple.

La commune peut beaucoup, à condition de
rompre avec les timidités, d'étendre l'initiative
municipale et d'aborder le terrain fécond des réformes.

C'est dans l'école que se prépare une nouvelle
société : c'est là qu'il faut veiller. L'Etat, lui,
rajeunira les méthodes et tracera les programmes
nouveaux, conformément aux progrès, aux idées,
aux besoins de la société moderne. — Mais la
commune, elle, ne doit rien ménager pour con-
struire et améliorer ses maisons d'école, pour
augmenter et perfectionner son matériel scolaire,
pour réaliser la gratuité de l'instruction primaire,
pour fonder des bibliothèques et des conférences
pédagogiques, pour s'associer aux sociétés de pa-
tronage de l'instruction populaire, pour aider au
rayonnement, à l'intensité de l'instruction de notre
démocratie.

Mais ici une préoccupation nouvelle surgit. La
commune doit se prononcer entre deux principes

très différents d'éducation : l'école communale doit elle être réservée à l'étude des éléments, et aux développements scientifiques qu'ils comportent, ou doit-elle être livrée à l'éducation et à la propagande religieuse? Il ne peut y avoir de doute. L'enseignement des doctrines religieuses est du domaine intime de la famille ; il appartient aux ministres des différents cultes qui se partagent le monde des croyants. L'école, par conséquent, doit rester le terrain neutre où l'instruction se donne à l'exclusion de tout dogme.

Cela est nécessaire, parce que chaque doctrine religieuse — et ces doctrines sont nombreuses — porte en soi la conviction ardente qu'elle seule est en possession de la vérité. Sur ce point, les religions sont intraitables ; elles ne peuvent supporter la contradiction, et elles rejettent tout ce qui n'est pas absolument d'accord avec leurs différentes affirmations dogmatiques. Or, comme c'est le cas de la science, il en résulte une dualité fort préjudiciable qui se révèle jusque dans les moindres détails de l'instruction, de l'éducation données par leurs adeptes, parce que ces derniers mesurent tout au niveau de leurs croyances.

Quoi qu'il en soit, l'Etat n'a pas à se prononcer sur telle doctrine ou tel dogme religieux, pas plus qu'il n'a à choisir entre eux ou à faire enseigner dans ses écoles ceux-ci à l'exclusion de ceux-là. En ces matières, il s'abstient. Sa propre sécurité, qui repose surtout sur la tolérance et la paix religieuses, et le respect de la liberté de conscience, lui en font un devoir. Or, son abstention constitue l'enseignement laïque. De ce fait, la mission du maître d'école est clairement déterminée. Il doit présenter les rudiments scientifiques sans les défigurer, sans les mutiler par aucune considération étrangère, quelle qu'elle soit. Il doit former des citoyens instruits, des patriotes, des hommes moraux. Rien de plus.

Il est évident que cette méthode rationnelle doit être également appliquée à l'éducation de la femme. Jusqu'à présent, on a trop négligé son influence si douce mais si rétrograde. Certes, l'action de la femme sur notre société serait absolument bienfaisante si son imagination éprise du merveilleux, si ses tendances superstitieuses et son éducation mystique ne la faisaient l'auxiliaire inconsciente des ennemis de la liberté humaine. Du reste, il est temps de la rapprocher intellectuellement de l'homme. Et l'on n'y arrivera que par une certaine unité d'enseignement.

Au point de vue social même, n'y a-t-il pas le plus grand danger à former des générations sœurs au moyen de principes diamétralement opposés ? Nourrir ceux-ci de la moelle philosophique, de déductions de la raison, des vérités démontrables — et former celles-là dans le moule de la superstition, en leur donnant pour critérium la révélation et le surnaturel, c'est évidemment un système gros de mécomptes pour l'avenir. Oublie-t-on que c'est la femme qui pétrit les générations, et que l'enfant gardera l'empreinte ineffaçable de son éducation première.

Le sentiment religieux est respectable au même titre que toutes les manifestations libres et légitimes de la conscience, et le devoir d'une nation libre est de le respecter ; mais si cette nation tient à sa liberté, elle doit veiller à ce que ce sentiment ne dégénère pas en superstitions dégradantes, en une idolâtrie grossière, en un fétichisme propre à abêtir le peuple et à le faire retomber dans l'esclavage monarchique.

Pour notre part, nous admettons parfaitement qu'on présente les vérités morales sous la forme religieuse. Mais, en tous cas, ce genre d'éducation ne peut être professé dans l'école, qui se propose un autre but (1).

*
* *

Est-ce tout et n'y a-t-il pas d'autres préoccupations au point de vue de l'instruction du peuple?

Nous pensons qu'on ne peut abandonner absolument les générations aux portes de l'école, sans qu'il en résulte de grands dommages moraux et une déperdition des connaissances acquises. C'est pourquoi on devrait poursuivre en elles, adolescentes et adultes, l'œuvre commencée dans leur enfance.

En un mot, il reste quelque chose à faire pour ceux qui ont passé le temps de l'éducation élémentaire et méthodique, mais qui pourraient encore s'assimiler, par la lecture et l'enseignement oral, les connaissances générales indispensables à un peuple qui veut progresser.

La diffusion des journaux contribue à ce résultat. Mais la presse, quelle que soit l'étendue des services qu'elle rend à la cause publique, ne répond pas encore suffisamment à cette préoccupation. Presque toujours, l'article polémique, l'affirmation tranchante l'emporte sur le fait pratique, sur la démonstration scientifique. Et, en dehors des discussions passionnées du moment, que reste-t-il ?

Il y aurait donc intérêt à organiser un vaste système d'enseignement populaire communal, dont la forme fût assez attrayante pour attacher les

---

(1) S'inspirant de ces principes, un grand nombre de communes ont provoqué l'application immédiate de l'enseignement laïque dans leurs écoles, devançant en cela une loi qui ne peut tarder, et qui consacrera ce système en le généralisant.

masses. Les bibliothèques populaires, les conférences et les expérience scientifiques publiques
répondraient précisément à cette nécessité.

Outre les résultats moralisateurs d'un pareil enseignement, on en obtiendrait d'aussi précieux
dans un autre ordre. On apprendrait d'abord à
traiter froidement, méthodiquement, les questions
qui nous passionnent le plus quoique nous les connaissions mal. Cela se traduirait par une modéra-
tion raisonnée dans la discussion, des problèmes
politiques, religieux et sociaux qui nous divi-
sent, par une vision plus nette des intérêts en jeu
et de la nature des obstacles. Enfin, nous nous
habituerions à faire prédominer l'esprit d'examen
et de discussion sur celui d'enthousiasme et d'entraînement.

Ces qualités s'adapteraient plus facilement encore aux questions pratiques dont le commerce,
l'agriculture et l'industrie sont constitués.

Ces questions, qui nous laissent froids et que
nous délaissons trop parce qu'elles n'excitent pas
aussi vivement notre imagination, reprendraient
la place que leur importance leur assigne au premier rang de nos préoccupations patriotiques.
Traitées sous une forme attachante et avec des
développements intéressants, elles captiveraient
vite les masses qui, incontestablement, y pren-
draient le goût des choses pratiques et l'idée des
progrès et des perfectionnements à apporter dans
chacune de ces branches de l'activité sociale.

Avec un peu d'initiative, tout cela pourrait être
facilement mis à exécution. Que faut-il? une pièce
assez vaste pour servir de bibliothèque et de salle
de conférence, et assez confortable pour qu'on y
puisse passer les longues soirées d'hiver.

Pour enseigner le peuple, les maîtres de bon n

volonté ne manqueront point. Quant aux livres, ils peupleront vite les rayons de la bibliothèque. N'y a-t-il pas en France une réserve inépuisable de générosité toujours prête à se manifester au premier appel.

L'initiative en cette matière appartient à tous, et principalement au conseil de la commune. D'ailleurs, il n'y a pas là de difficulté. Créer une société d'éducation populaire pour l'organisation, grouper quelques livres bien choisis, et, enfin, obtenir du conseil une petite allocation annuelle : et le problème est résolu.

Est-il besoin de faire ressortir combien la généralisation d'un tel système contribuerait à élever le niveau intellectuel des masses profondes du peuple, à fortifier, à diriger leurs aptitudes et à faire disparaître toutes ces divisions de classes qui ne reposent, en somme, que sur l'ignorance complète de quelques-unes.

CHAPITRE VI.

« Connais-toi toi-même. »

Ce qui précède étant admis, nous devons nous appliquer à l'obtenir. Pour cela, il est indispensable que nous perfectionnions l'usage de notre droit électoral.

Préalablement, nous en finirons avec les obstacles qui proviennent du corps électoral lui-même et qui faussent son action. Or, ce n'est pas l'une des moindres difficultés à vaincre, parce qu'elle est en nous et que nous refusons de la voir.

Mais, en admettant que l'électeur reconnaisse enfin les causes d'erreur qu'il porte en lui-même, aura-t-il la raison et l'énergie nécessaires pour en finir avec les tendances qui l'entraînent aux opinions fausses ? Cela est possible, s'il sait procéder.

Tout d'abord, il faut s'attacher aux affaires publiques, les considérer comme siennes, avoir pour elles une sollicitude proportionnée à l'intérêt engagé, et s'en instruire autant qu'on en aura les moyens et le temps.

L'électeur reconnaîtra vite cette nécessité s'il envisage qu'il peut tout sur leur direction, parce qu'il est la véritable source où tout pouvoir, toute autorité vient puiser son mandat et sa force. L'électeur, décidé à exercer ce droit et pénétré de la responsabilité qui s'y rattache nécessairement, aura franchi deux obstacles principaux : l'ignorance et l'indifférence. Mais ce n'est pas assez. Pour que sa volonté souveraine soit profitable, il ne suffit pas qu'elle soit éclairée et dévouée, il la faut encore sincère, réfléchie et prête à se châtier.

La raison et la vérité : Voilà l'égide qui rendra le suffrage universel invulnérable.

Les électeurs auront donc à examiner si leurs tendances intimes, leurs habitudes électorales et la méthode avec laquelle ils procèdent lorsqu'ils ont une question d'intérêt collectif à juger, se trouvent en rapport avec ces deux principes essentiels.

En politique générale, alors que la question posée a de larges bases et qu'elle ne touche en rien à ces mille ressorts intimes si sensibles chez chacun de nous, alors surtout que le patriotisme vient rehausser et épurer les décisions du suffrage universel, — dans les élections législatives, par exemple — le corps électoral se montre plus accessible au vrai et aussi plus indépendant dans sa généralité.

Malheureusement, on doit constater d'étranges

défaillances et d'égoïstes réticences sur des questions moins larges, quoique d'une importance capitale, qui tiennent aux racines mêmes de la démocratie, et d'où peut dépendre à un moment donné son triomphe ou sa ruine.

C'est ainsi que dans le vote municipal, les électeurs, d'ordinaire clairvoyants et difficiles à égarer, se laissent prendre à de grossiers appeaux, subissent ou repoussent des influences qu'ils récusent ou acceptent en d'autres circonstances ; prenant parfois tout enveloppés ou rejetant sans examen des candidats et des doctrines qu'ils combattraient ou acclameraient s'ils n'avaient pas le bandeau des passions personnelles sur les yeux.— Et cela, répétons-le, alors qu'il s'agit d'une chose plus simple, plus à leur portée, et dont ils constateront de plus près les effets avantageux et les inconvénients.

Or, à quoi cela tient-il ?

C'est là précisément ce que nous allons chercher.

*
* *

Dans quelques parties du corps électoral, il faut constater une fâcheuse tendance à céder aux suggestions du sentiment personnel, une déplorable facilité d'entraînement pour des considérations de peu de valeur, intéressées, et quelquefois étrangères à la question électorale.

Une telle déviation du jugement devient l'occasion et le point de départ de mille erreurs ; elle rend à peu près impossible toute solution raisonnable, en détournant l'esprit du véritable objet qui lui est proposé.

Ces erreurs, purement subjectives, sont dues à un manque de discipline intellectuelle ; elles proviennent de tendances intimes, arbitraires, contre lesquelles certains électeurs ne réagissent que faiblement.

On comprend combien il est difficile de se faire une idée exacte de la proposition qui nous est soumise, de la question qui nous est posée et des éléments qui la composent, lorsque notre entendement est borné par de semblables sentiments.

Nous cédons spontanément alors à l'une de ces impulsions de sympathie ou d'antipathie personnelles, dont les causes sont parfois bien légères, mais qui, en nous dominant, nous retire toute liberté de jugement.

Nous obéissons ainsi aux sollicitations d'une sorte d'égoïsme dont nous n'avons peut-être pas nettement conscience, mais très réel et assez puissant pour nous entraîner à desservir inconsciemment nos principes mêmes.

Au jugement sain et impartial de la raison se substituent, sous cette pression, des conclusions vicieuses, bâtardes, amenées par des impressions purement individuelles, basées sur les dispositions du *moi*, étroitement borné à ce qui le concerne intimement.

On ne peut se faire une idée même relative du cortège de faussetés qu'entraîne après lui, dans les questions électorales, le sentiment personnel agissant au détriment du sentiment collectif. On aperçoit cependant comment seraient traitées les questions d'intérêt général, réduites ainsi aux proportions ridicules des haines et des sympathies particulières.

Le vote est un acte qui exige une grande liberté d'esprit. Or, pour obtenir en soi cette indépendance d'idées et de jugement, la première condition est de s'isoler des rivalités qui nous entourent, de rejeter absolument les velléités que nous pourrions avoir d'y prendre part, enfin d'étouffer en nous toute rancune, tout calcul personnel.

Cela pourra paraître difficile à quelques-uns. Mais, qu'on veuille bien y réfléchir, peut-on s'élever aux larges considérations, juger en citoyen et non avec les passions et les préjugés de l'individu, lorsqu'on ne saura s'affranchir, même pour quelques moments, du joug des petites haines privées, des vanités infimes, des jalousies personnelles et d'intérêt particulier, lorsqu'on n'aura pas la force d'écarter ce qui égare et fausse notre jugement.

Ne perdons point de vue que tout ce qui engage la généralité des citoyens doit être examiné par eux d'une manière toute spéciale. Par un effort intelligent, ils doivent faire abstraction de leur individualité et des sentiments particuliers qui s'y rattachent, pour ne se considérer que comme une fraction sociale appelée à exercer la part de souveraineté qui lui revient, sans s'arrêter à d'autres considérations que celles qui s'attachent à l'intérêt général.

Qu'on ne nous dise pas que c'est là une philosophie électorale impraticable ; car il faut que le suffrage universel la mette en action sous peine de déchoir. Est-ce qu'on s'est jamais impunément écarté des règles dictées par la raison et l'expérience politique ? Et n'est-ce pas à l'aide des faiblesses, des erreurs et des divisions du corps électoral, si savamment exploitées par les ennemis de la démocratie, que se glissent au pouvoir, dans la commune comme dans l'Etat, le désordre, l'arbitraire et la tyrannie.

Lorsqu'enfin les électeurs auront appris à juger de haut, froidement et non sous l'incitation de passions étroites et de mobiles particuliers, nous serons vraiment affranchis.

Le bulletin de vote, expression d'une volonté libre et réfléchie, produira pleinement alors tout

le bien qu'on peut attendre de cet outil de progrès
de liberté et de moralisation.

*
* *

Le suffrage universel a encore un ennemi dangereux dont toutes les spéculations reposent sur
la faiblesse, l'indignité et les défaillances partielles
du corps électoral. C'est à l'honneur même de la
démocratie qu'il s'en prend, en cherchant à vicier, à
fausser la volonté populaire et à dégrader l'électeur.
Nous voulons parler de la corruption électorale.

Certains partis en ont fait un système qu'ils pratiquent et perfectionnent sans vergogne : son œuvre consiste à troubler, tromper et acheter la
conscience de l'électeur.

La corruption est le mal perfide qui empoisonne-
rait le suffrage universel si, dans notre franc pays, la
droiture politique du peuple ne triomphait presque
toujours de ces tortueuses et coupables manœuvres.

Quoi qu'il en soit, on ne doit endurer nulle part
ses entreprises. Les citoyens ont pour devoir de
se faire justice en livrant au mépris public et aux
sévérités de la loi toutes les tentatives de cette
nature. Il est indispensable de poursuivre ces pro-
cédés avilissants, que pratiquent les ambitieux qui
cherchent des moyens de réussite jusque dans
l'abaissement des caractères et des consciences.

A la vérité, il n'est pas de circonstance où l'indépendance électorale ne soit plus dangereuse-
ment exposée que dans les élections locales, — où
la pression, la corruption sachent plus précisément à quel endroit, à quel intérêt, à quelle influence il faut toucher pour courber et réduire la
volonté de l'électeur.

A ce sujet, il y aurait bien des choses à dire ;
mais nous n'entreprendrons point ici l'historique
des faits répréhensibles qui se reproduisent à cha-

que élection ; il faudrait un volume ; d'ailleurs, ils sont suffisamment connus.

Tout en restant dans les faits généraux, il suffira de rappeler que les promesses faites à l'intérêt particulier, les affirmations mensongères, les insinuations perfides et voilées, la diffamation, la délation, l'intimidation, les menaces, le bulletin de vote imposé, l'argent distribué, etc., etc., constituent autant de faits illégaux, répréhensibles, qui pèseront lourdement sur les humbles et les faibles, sur les consciences troubles, les caractères mal trempés. Or, ce sont ceux-là qu'il faut protéger contre leurs propres défaillances.

Mais, vraiment, qu'est-ce que tout cela vaudrait, si, fermement décidés à l'accomplissement de leur tâche civique, les yeux fixés sur le but à atteindre, guidés par leur conscience et n'ayant d'autre but que de faire réussir l'intérêt général, les électeurs se cantonnaient imperturbablement dans leur droit?...

Nous vivons sous un régime de liberté qui assure à chacun le plein exercice de ses droits.

L'électeur est donc le maître absolu de son vote. Par conséquent, s'il cède à une pression quelconque, s'il n'exprime pas sa volonté propre, il ne peut s'en prendre qu'à lui-même, quelque excuse qu'il invoque devant sa conscience.

CHAPITRE VII.

> « Quand des généations entières traverseraient la vie en silence, le malheur et la mort ne les observeraient pas moins et sauraient de même les atteindre.» DE STAEL.

> « Lorsqu'une opinion n'a pas pour but unique la satisfaction d'un intérêt isolé et sordide, c'est agir en homme que de la défendre. La prétention seule de penser au bien du pays mérite une sorte d'estime.» DE RÉMUSAT.

Constatons ici que les élections municipales se

font généralement sur des bases trop étroites. Cela
tient à ce qu’un grand nombre de citoyens se dé-
sintéressent de la lutte ou n’osent s’y mêler acti-
vement. Cette abstention plus ou moins volontaire
est déplorable. Elle cause mille difficultés et occa-
sionne toutes sortes de récriminations passionnées.
Il est d’autant plus nécessaire que la généralité du
corps électoral sorte de cette inaction que, presque toujours, ce sont ceux qui sont le moins dis-
posés à la discussion et à la lutte qui critiquent le
plus vivement.

Nous devons reconnaître, il est vrai, qu’il est
parfois bien difficile de composer une liste de
candidats conseillers. Le nombre des conseillers à
élire, celui des candidats, l’esprit de parti qui,
dans la commune, se rapetisse jusqu’à celui de
coterie, les critiques intéressées, passionnées et
irréfléchies, sont autant de difficultés opposées à
l’entente des citoyens entre eux. C’est là, d’ailleurs, le côté défectueux de l’esprit local. Mais
avec du sang-froid et un peu de connaissance des
hommes, on arriverait cependant à se rencontrer
sur un terrain commun, où il ne serait pas impossible de discuter et de s’entendre sur les questions
d’intérêt local. Resterait, il est vrai, à arrêter le
choix des hommes qui recevraient mission de représenter la commune. Nombre de gens s’en
croient bien capables. Il y a encore une espèce de
candidats des plus singulières ; ces gens-là s’ima-
ginent que le mandat de Conseiller municipal leur
revient de droit, comme un titre, en vertu de leur
situation personnelle. Or, qu’on s’imagine bien
une chose, c’est que les électeurs n’ont point à ré-
compenser la réussite individuelle. Une grosse va-
nité ne suffit pas pour être digne de représenter
ses concitoyens, et les services rendus loyalemen

à la cause de tous sont encore ce qu'il y a de mieux à invoquer devant le corps électoral. Que l'on s'efface donc un peu, et avec quelque modestie, quelque sincérité et quelque dévouement, on arrivera certainement à s'entendre et à choisir les meilleurs et les plus capables.

Seulement, nous le répétons, il serait indispensable que chacun devînt actif, que le plus grand nombre se résignât à sortir de son inertie habituelle, prit même l'initiative et que, dédaignant les petits motifs, les citoyens s'entendissent en vue d'une action commune.

Jusqu'à présent, cette initiative a été le fait de quelques groupes plus dévoués qu'appréciés. Ceux-là, heureusement, ont le témoignage de leur conscience. Il nous semble, malgré cela, qu'il y aurait moyen de donner satisfaction à ceux qui recherchent sincèrement le bien général.

Que dans chaque localité, les citoyens actifs organisent des réunions privées ou publiques ; qu'ils s'entretiennent avec leurs concitoyens des besoins, des intérêts de la localité et des moyens d'obtenir satisfaction. Qu'on démontre aux électeurs l'avantage qu'il y aurait à faire de la commune une fraternelle, féconde et intelligente association, où l'intérêt collectif serait enfin le sujet des préoccupations et de la sollicitude de chacun, où les combinaisons intéressées et les ambitions personnelles seraient de nulle influence.

Qu'on établisse combien il est urgent de placer au premier rang les caractères les plus dignes, les plus fermes et les plus indépendants. Qu'on ne craigne pas de discuter les qualités civiques des candidats en présence, ni de porter la lumière sur le terrain politique.

Surtout, plus de ce respect humain qui aboutit

à la nomination de ces hommes effacés qui encombrent les Conseils municipaux de leur nullité, avec qui on ne sait comment aboutir, et que le premier intrigant venu manœuvrera à sa guise.

Ce sont de braves gens, que l'on ne discute pas, vous diront les simples. Parbleu ! Ils n'ont pas une idée dans la tête ; ils sont de l'avis de tout le monde et même de celui des niais. Assez de cette espèce. Le temps est aux hommes actifs, aux dévoûments sincères, à tous ceux qui, sérieusement attachés à la chose publique, la serviront franchement, courageusement.

Pour cela, il faut que l'activité électorale redouble partagée par tous les citoyens.

Que l'on se réunisse donc, que l'on discute courtoisement les hommes et les choses ; que l'on pèse le mérite et les aptitudes de ceux-ci, l'utilité et les moyens de réaliser celles-là.

Que chacun apporte sa bonne volonté, son bon sens, son expérience, ses idées, sans parti pris, autre que celui de servir l'intérêt communal, et, certainement une vive lumière éclairera la question municipale.

*
* *

> « Quoi que les passions aient fait, quoi que prétendent le découragement et la timidité, la politique est l'honneur de la France, c'est par ses luttes intérieures qu'elle attire et qu'elle mérite l'attention de l'Europe. »
>
> De Rémusat.

Terminons. Parmi les sophismes inventés par la réaction pour fausser le sens des électeurs, il en est un que nous allons examiner parce qu'il touche à l'un des côtés essentiels de la question et qu'il est gros de dangers.

Qui de nous n'a pas entendu ressasser sur tous

les tons que : « la politique s'infiltrait partout et jusque dans les élections municipales, qu'on avait eu la sagesse de préserver jusqu'à ce jour ! »

Le mal, comme toujours, vient de ces affreux républicains !

Cependant, si les élections municipales ont aujourd'hui une véritable importance politique, ce n'est point positivement de leur faute. Il nous semble que cela tient tout simplement au mode d'élection du Sénat. Or, ne doit-on pas à l'Assemblée monarchique et cléricale « élue dans un jour de malheur », cette conception restrictive du suffrage au second degré d'où est issue la Chambre haute ? C'est un fait historique irrécusable. Et puisque la loi attribue au Conseil municipal une fonction politique, qui consiste à choisir dans son sein un délégué politique chargé de représenter l'opinion de la commune au collège électoral sénatorial, il faut bien que les électeurs se préoccupent de l'opinion politique des hommes qu'ils envoient au Conseil. Dès lors, que signifient ces plaintes mensongères? Et pourquoi vouloir masquer au corps électoral un des côtés essentiels de la question? Cela n'est pas très difficile à découvrir.

Quoi qu'il en soit, on nous a placés sur ce terrain, que la réaction croyait défavorable à la cause républicaine ; le sort et les efforts des républicains en ont décidé autrement ; nous nous y maintiendrons jusqu'à la victoire définitive, jusqu'à la destruction des vieux partis.

Dans le choix que nous ferons de nos conseillers municipaux, nous devrons joindre le souci de l'intérêt politique à celui de l'intérêt local. Nous nommerons d'intelligents administrateurs qui seront en même temps de fermes républicains.

La raison en est simple : supposons des élections municipales faites sans aucune préoccupation politique, et, par suite de cette indifférence, la formation d'une majorité réactionnaire dans les collèges électoraux qui nomment les sénateurs. De là à la reconstitution d'une majorité réactionnaire dans le Sénat, il n'y a que la distance de quelques voix. Evidemment, un pareil résultat ne serait point du goût des électeurs. Nous ne saurions donc trop réagir contre cette négligence politique partout où l'on aurait des tendances à s'y abandonner.

Les conséquences, d'ailleurs, en seraient terriblement dangereuses pour la paix publique et l'œuvre de reconstitution nationale. Il n'est pas besoin de remonter très haut dans l'histoire du Sénat pour voir ce que la France républicaine aurait à attendre de ses ennemis.

S'ils parvenaient de nouveau à être les maîtres dans la haute Chambre, ce ne serait pas moins qu'un temps d'arrêt de la nation au milieu des intrigues, de l'inquiétude, de l'agitation, du désordre, des provocations, des vengeances cléricales et peut-être pis encore.

Impuissante pour le bien, une majorité réactionnaire, ou chancelante et tiraillée, serait toute-puissante pour le mal.

Mais la leçon qui se dégage de l'histoire du Sénat nous a profité. Aussi, aux élections municipales prochaines, nous ferons tous nos efforts pour assurer une majorité nettement républicaine dans la haute Chambre. Au reste, il ne tient qu'à nous d'en faire une majorité revisionniste. Tout le monde convient de ceci : c'est que le mode d'élection du Sénat est arbitraire, peu démocratique, nullement proportionnel, et que la part faite au nombre et à l'intelligence est en raison inverse de ce qu'elle devrait êter.

Quand on pense qu'une commune de soixante électeurs à peu près illettrés a sur la composition du Sénat une influence égale à celle d'un chef-lieu de département, que sa décision pèse du même poids, qu'elle élit le même nombre de délégué, on se demande si c'est en France et en République que ces chinoiseries ont cours.

Que ce genre d'égalité convienne aux Byzantins qui ont inventé ces subtilités, nous n'y contredirons point ; mais, comme cela est en dehors de tonte justice et de tout bon sens, et que cela peut devenir fort dangereux dans un moment de trouble et d'effarement, ce n'est pas trop demander qu'on en vienne enfin à une représentation sénatoriale plus proportionnelle.

———

Les élections municipales devront donc avoir une triple signification :

Développement progressif des institutions républicaines ;

Conquêtes de nouvelles franchises municipales ;

Revision du mode d'élection du Sénat.

Or, quoi qu'on dise, quoi qu'on fasse, tout cela c'est de la politique. Rien ne sera plus facile à prouver aux prud'hommes ou aux hypocrites qui gémissent sur les vieilles traditions. Pour cela, vous porterez au Conseil municipal les hommes qui vous offriront le plus de garantie à ce triple point de vue.

F. LACROIX.

———

VERSAILLES. — IMP. CERF ET FILS, 59, RUE DUPLESSIS.

www.ingramcontent.com/pod-product-compliance
Lightning Source LLC
Chambersburg PA
CBHW051129050726
47594CB00003B/1013